こだわらニャい
心配しニャい
迷わニャい
【ブッダの言葉】

監修 加藤朝胤
薬師寺執事長

はじめに

　法句経はお釈迦様の言葉として、宗派を超えて、世界中の人に親しまれている経典です。

　法句経の原典は「ダンマパダ」と言い、これは「真理の言葉」を意味します。最古の仏教教典の一つで、お釈迦様の人生訓が記されています。

　その中には現代で生きる私たちの考え方や生き方のヒントになる教えがたくさんつまっています。

　本書では、法句経の教えを、身近な例やわかりやすい言葉を使って紹介しています。

　読者の皆様も、ぜひ自分なりの解釈で法句経に親しんでいただければ幸いです。

1 生き方を整える

- 010 振り返りは大切
- 012 自分のことは自分でしよう
- 014 悪い心に負けない
- 016 自分を泣かせることはしないで
- 018 感情をコントロールしよう
- 020 勇敢な心をつくろう
- 022 相手を思った行動を
- 024 やり返さない
- 026 「欲しい」は「もっと欲しい」を生む
- 028 でき心が災いに
- 030 ときには我慢も必要
- 032 かぶりものはいらない
- 034 自分だけの道を歩もう
- 036 頭で理解するより実践しよう

038 [コラム] たとえ話から読み解く、ブッダの言葉①
群盲象を評す

2 心を見つめ、磨く

- 040 目的を見失っていない？
- 042 見えているものを見直してみる
- 044 人からの評判を気にしない
- 046 孤独を知ることも大切
- 048 目の前の山を登ろう
- 050 どんな場所でも楽しめる
- 052 勝負しない勇気
- 054 まっすぐ生きていこう
- 056 やっぱり健康が一番！
- 058 そろそろ起きよう
- 060 となりの人の幸せを祝おう
- 062 友達がいる そんな幸せ
- 064 いい仲間がいれば怖くない
- 066 ひとりでも怖くない
- 068 何も持たずに行こう
- 070 引きずられない
- 072 自分の可能性を信じよう

074 ［コラム］たとえ話から読み解く、ブッダの言葉② 弾琴

3 人間関係をよくする

- 076 いつも全力
- 078 言葉に気をつけよう
- 080 生きることは喜び
- 082 喜んで差し出そう
- 084 相手は嫌がっていない？
- 086 他人の行動をチェックしない
- 088 愛される人になろう
- 090 怒らずに勝とう
- 092 穏やかな言葉で
- 094 許せる心を持とう
- 096 叱ってくれる人は大事
- 098 先輩を敬おう
- 100 身近な人に感謝を
- 102 何をやっても非難はつきもの
- 104 愛が苦しみを生むこともある
- 106 自分にしかできないことがある

108 [コラム] たとえ話から読み解く、ブッダの言葉③　毒矢

4 幸せに気づく

- 110 ものが溢れた生活はやめよう
- 112 心静かな一日を
- 114 知ったかぶりはやめよう
- 116 たったひとつの言葉が心を暖める
- 118 すべてを奪わない
- 120 手放してみよう
- 122 自分の未熟さを知ろう
- 124 誘惑に負けない
- 126 高く飛んでみよう
- 128 学び続けよう
- 130 素敵に年を重ねよう
- 132 いい風を吹かせよう
- 134 輝く人になろう
- 136 いいことをたくさんしよう
- 138 理想の岸へ向かって
- 140 すべては変わっていくもの

本書では、旧字体の「佛」という漢字を使用しています。この文字は「人」と「弗」を合成した形声文字です。「人」は、立っている人を横から眺めた形を表す象形文字で、「弗」は縦の二本の線が反り返って合わないものを示し、「背く」を表す会意文字です。

中国洛陽白馬寺に佛教が伝来した永平十年、梵語 buddha の音訳に「佛陀」が用いられ、佛は一般には「ホトケ」を意味することとなりました。佛は人でありながら人にあらず（弗）、悟った人であるということが、音だけでなく文字の持つ意味で表されています。

現在は、「佛」を「仏」と表記することが多いですが、「仏」の方の旁の「ム」は自らの営みという意味です。佛教者としては、「佛」の文字に含まれる意味も大切にしたいものです。

chapter 1

生き方を整える

生き方を整える

振り返りは大切

過去は変わらないが、未来は変えられる

「失敗しちゃったな」なんであんなこと言っちゃったんだろう。

毎日の小さな出来事を振り返ることはとても大切です。私たちは、目の前にあるすべてをバランス良く眺めていると思っていますが、実際は斜めに見たり、逆さまに解釈しているものです。何気ない思い違いは、あなた自身の奥深くにある、迷いの心から生じています。順調にいっている時はさほど気になりませんが、ちょっとしたつまずきで思い込みは拡大して深刻になるもの。

自分自身の感覚を絶対視しないで、物事を俯瞰してみましょう。原因がわかれば、次はどうしたらうまくいくのかがわかります。そして未来を変えることができるのです。

屋根がよく葺いてある家には、決して雨が漏れ入らないように、よく反省された精神には、決して情欲は入り込まない。

(法句経 14)

生き方を整える

自分のことは自分でしよう

自分で決める、責任をとる

　何か悩みがある時、私たちは他の人に意見を求めます。違う角度の意見をもらったり、背中を押されたり。けれども、それで解決する事ばかりではありません。

　恋愛や結婚、子育て、仕事の悩みや不安はすべてあなたの心が生じさせている問題です。あなた自身の心の開放と変化によってしか、真に問題が解決することはありません。

　他人は苦しみを解決するための小さな糸口を与えることはできますが、その方法を人生に生かし、たくましく前を向いて歩くのは、あなた以外にできない事なのです。自分の心の声をしっかり聴きながら、自分自身の人生を創り出していきましょう。

自分だけが自分の主である。他人がどうして主になることがあるだろうか。
自己をよく整えれば、得難い主を得ることになる。

（法句経 160）

生き方を整える

悪い心に負けない

疲れている時こそ、用心深く

　誰でも魔がさす瞬間があるものです。羽目をはずしすぎたり、誰も見ていないからと社会のルールを破ったり、大切な人を裏切ったり。時に自分のことしか考えない行動をとってしまいます。

　誰も見ていないから、誰も知り合いがいないから、あるいはお金を払ったから、他者への思いやりや譲り合いはいらないというのは、あまりにも自己中心的な哀しい考えです。

　とても疲れていたり、とても困っていたり、とても悩んでいたりする時にこそ、自分の中に弱い心や悪い心、ゆがんだ心が潜んでいることを自覚しましょう。自分自身を正しく戒めて、問題を起こさないように注意することが大切です。

戦場で百万の敵兵に勝つより、ただひとりの自分自身に勝つ者こそ、最上の勝利者である。

（法句経103）

生き方を整える

自分を泣かせることはしないで

良い言動は、あなたの心を穏やかにする

　何が善で、何が悪なのか。ある方向から見ると良い事が、他方から見ると悪い事になる。政治でも、経済でも、会社の中でも、友人関係でも、家庭でも、そんなことがよくあります。

　自分でも良かれと思ってした事が、裏切りだと仲間から言われたり。間違いを指摘したら、八つ当たりだと思われたり。一体何が正しいのか、わからなくなることもあるでしょう。

　そんな時には、自分の心に耳を澄ましてみて。その事をあなた自身が悔いているのなら、それはとるべき行動ではなかったのかもしれません。本当に善い行動は自分の心を穏やかにしてくれるもの。誰よりも自分の行動に信頼を置けるようになりましょう。

行った後に悔いて苦しみ、涙を流し、その報いを受けなければならぬなら、その行為は決して望ましいことではない。

（法句経 67）

生き方を整える

感情を
コントロールしよう

自分の心を整えてあげよう

あなたの趣味や仕事、または生き方に対して、突如誰かから批判的な意見を言われたり、あるいはバッサリと否定されたりした時。

内側から込み上げる怒りや悲しみの感情に振り回されないようにしましょう。それは感情を無視したり我慢することではなく、感情の動きに気づいた上で制御すること。怒りを怒りとして、悲しみを悲しみとして爆発させず、違う形で出すことです。

自分の世界を何が何でも守らなきゃと身構えると、それを失うことを怖れることになります。最初から「物事にはいろんな観方があるのね」と深く心から実感して生きていけば、楽になれるのです。そうすると、日々を平穏に過ごせるようになるでしょう。

心は動揺し、ざわめき、制しがたい。賢い人は、弓師が弓をまっすぐするように、心をまっすぐに整える。

(法句経 33)

 生き方を整える

勇敢な心を
つくろう

あなたには、自分も知らない強さがある

　戦場に出かける人や、命がけの冒険をする人だけが勇敢な人というわけではありません。

　本当に勇敢な人とは、周りの人に冷たい対応をされたり、濡れ衣を着せられて責められたりしても、心強く折れない人。仕返ししたり、世の中を恨んだり、自暴自棄になったりせずに、自分の人生を受けとめ、それでもなお善く生きようとする人のことです。

　人は幸せになりたいと願いながらも、さまざまな苦しみや悲しみを抱えてしまうことがあります。その苦しさに負けることなく、乗り越えて生きる鋼のような心の強さと正しさを自己の内側につくり上げていくことが、大切なのです。

罵(ののし)りも、体罰も、牢獄も、怒ることなく耐え忍び、忍苦の精神を持ち、心が勇健なる人。私は彼こそを婆羅門(ばらもん)（理想の修行者）と呼びたい。

（法句経 399）

 生き方を整える

相手を思った行動を

清らかな心に従って生きる

　何をやってもうまくいかないと思えたり、自分ばかり損をしているように思えたりするならば、少し立ち止まってみる時です。

　なぜ、そのように見えてしまうのでしょう。正しく善く生きている人は、まっすぐな心の目でまっすぐに事実を見つめることができます。良い表情や良い身体をつくり出すためには、まず基本に、良い心の状態があることが不可欠だと言われています。

　あなたの内側から自然におもてに出るものを整えていきましょう。相手を苦しめたり迷惑になるような事は避け、皆が喜ぶ行動を心掛けましょう。その心掛けが、今の状況を変えていき、周りを思った行動が、あなたをきっと良い方向へ導いてくれます。

物事は心に支配され、心を主とし、心によってつくり出される。もし人が、汚れた心で話したり行動したりするならば、苦しみがその人につきしたがう。荷車を引く牛の足跡に車輪がついていくように。

（法句経1）

生き方を整える

やり返さない

怒りの代わりに、ほほ笑んでみる

　子どもを見ていると、小さな事からケンカになります。「ぶったな、お返しだよ！　ゴン」「お返しのお返しだ！　ゴン！」「お返しのお返しのお返し…」。いつの間にか、泣きながらお互いに叩き合っています。けれど、それは私たち大人も同じ。

　自分を嫌った人を嫌って、お互いを傷つける。直接叩き合わなくても、心は傷だらけ。怒りに怒りで応じる限り、憎しみの炎は高まるばかり。どちらかが振り上げた手を下ろさないと、終わりません。ならばあなたから下ろしてみませんか。怒りをおさえ、ほほ笑んでみましょう。すると相手の憎しみは、雨に濡れた焚き火のように次第におさまり、あなたの心の傷も癒えるでしょう。

この世において、怨みに対して怨みをもって返すならば、怨みが消えることはついにない。怨みは、怨みを捨ててこそ消える。これは普遍の真理である。

（法句経 5）

🐾 生き方を整える

「欲しい」は
「もっと欲しい」を生む

今の状況を喜び、心を満たしましょう

　ギャンブルや株などで借金をつくるのは、最初に運良く儲けた人です。楽して稼ぐことを知ると、「次はもっと」「その次はもっと儲けられるはず」と期待し、大きなお金をつぎ込んで破綻する人もいます。

　ある段階で止めておけば良いものを、無理を省みず、欲張ってしまうのです。他の欲望も全部同じことです。

　欲望は、あなたを突き動かす強大なエネルギーです。けれども、欲望にあなたの身体と精神を明け渡してはいけません。

　目に見える欲はすべてが幻。さらなる欲を捨てて、今自分に与えられた環境やものに感謝することからはじめてみましょう。

降り注ぐ雨のような貨幣を以てしても、人間のあくなき欲望は満たされない。「快楽の味は、ほんの少し味わってさえも苦いものだ」と知るものは賢者である。

（法句経 186）

 生き方を整える

でき心が災いに

どんな事にも必ず原因がある

　うまくいく事も、いかない事も必ず原因があります。

　「バチがあたる」という言葉がありますが、小さな悪い事を重ねていると、それが巡り巡って大きな災いを生むことを言います。悪い事が起きた時は、「なぜ私がこんな目に？」と嘆いたり恨んだりするのではなく、自分を見直すきっかけにしましょう。

　佛教では、「原因が縁によって育ち結果につながる」と考えます。種があっても「縁」がなければ育ちません。また、違う「縁」によって育てば違う結果になるのです。それはすべてに通じる法則です。

　それならば、悪い事より良い事を積み重ねて、良い結果が巡ってくるように努力していきたいものです。

「私はその報いを受けることはない」と思って悪を軽んじてはならない。水が一滴ずつ滴り落ちて水瓶を満たすように、小さな悪を重ねれば災いに満たされる。

（法句経122）

生き方を整える

ときには
我慢も必要

浮かれすぎていませんか

　気持ちが顔に出る表情豊かな人は、愛されます。気持ちが響いて、親しみを感じるのです。だからといって「私はきまぐれなの。このままで良いのよ！」と、開き直ってはいけません。

　心の中に潜む欲望や嫉妬。それらを我慢しないで解き放てば、相手を傷つけ信頼を失い、最終的には自分が傷つくでしょう。

　感謝、信頼、絆、愛情、譲り合いの精神…これらはすべて見えないものですが、私達の社会を大きく動かしています。あなたの心の在り方は、周りの雰囲気にも大きく影響します。いつも周りの人達の状況や気持ちを想像して、その場に相応しい心配りや気配りができる、そんな人になれたら、素敵ですね。

心は捉えがたく、軽々しく、欲望のままに動き回る。こうした心を制御することは誠に善いことである。制御された心は安楽をもたらす。

(法句経 35)

 生き方を整える

かぶりものは
いらない

肩書きや学歴では、判断できない

　社長、医師、弁護士、教師、有名企業の社員、難関大学卒業…。それだけでその人を判断したり、「お近づきになりたい」なんて密かに思って、媚びを売っていませんか？

　肩書きや学歴は、ひとつの実績。実績と素顔は別であり、どんな素顔が隠されているのか、その中身を見極めようとすることが大切なのです。人は、自分の経験の中で培われてきた価値判断で、自分の都合の良いように、目にする現象を判断してしまいます。私達の感覚世界は不確かなもの。あなた自身も、立派な肩書きを欲しがるのではなく、自分自身に誇れる自分でいることを大切にしましょう。

心の汚れを捨てていない人が、僧衣を着たいと願っても、自制心もなく、真摯さもなければ、彼には僧衣をまとう資格がない。

（法句経9）

 生き方を整える

自分だけの道を歩もう

自分の人生の目的を忘れないで

　上司に押しつけられた仕事を毎日嫌々やったり。親が反対するからと恋人と別れたり。旦那が嫌がるからと仕事を辞めたり。

　それで彼らは満足かもしれませんが、あなたはどうですか？

　誰かの望みや期待に応えることも大切ですが、それによって自分のしたいことや人生をおろそかにしては意味がありません。

　人と気持ち良く付き合うために相手のすべてを受け入れる必要はないのです。大切な人だからこそ、時には本音で話しましょう。相手の目を見て、一つひとつの言葉を選びながら、相手への敬意を込めて、あなたの本心を伝えて下さい。時には依頼も断り、あなたの目的を貫きましょう。

たとえ他人にとって大切な目的であろうと、そのために自分の義務をおろそかにしてはならない。自分の目的を熟知して、自分の目的に専念せよ。

（法句経 166）

 生き方を整える

頭で理解するより
実践しよう

「学びオタク」になっていませんか

　大人になっても、学び続けることはとても大切です。本を読んだり、セミナーに行ったり、ネットで情報を手に入れたり。そんな学びをしっかり身につけるためには、一度使ってみることです。

　学んだ事を実践したり、誰かに話してみたり、使ってみたりすることで、その学びの本当の効果や価値がわかります。また、実践してみてはじめて、次に必要な学びが見えてくるでしょう。

　頭の中にためこむことで終わりにせず、日々の色々な出来事に、真摯な気持ちで向かっていくことです。そこで出会った人達との縁を大切にして、少しずつ知識も育てていきましょう。その連続こそが、わたしたちの人生での修行です。

美しく麗しい花でも香りのないものがあるように、善い教えも実践しなければその実りはない。

（法句経 51）

たとえ話から読み解く、ブッダの言葉①

[群盲象を評す]

　鏡面王が大臣の前で、目の不自由な人を十人集めて象を触らせました。鼻を触った人は「曲がったホースのようです」と言いました。牙を触った人は「杵のようです」、耳を触った人は「竹網でつくった農具のようです」、頭を触った人は「鍋のようです」、腹を触った人は「壁のようです」と言いました。背を触った人は「小さな丘のようです」、前足は「臼のようです」、後足は「樹のようです」、膝は「柱のようです」、尾は「綱のようです」と言いました。

　大臣は大声を出して笑いましたが、王は笑わずに大臣にこう言いました。「お前たちも同じです。全体を見ずにいて、自分の考え方が正しいと信じ、間違いに気づかない。大切なことは全体を見ることなのです」。

　私達はつい目先の事ばかりに気を取られてしまいますが、全体を見て真実を知ろうとすることが大切です。

（長阿含経）

chapter 2

心を見つめ、磨く

心を見つめ、磨く

目的を
見失ってない？

目先の楽しさばかりを追わない

　マイホームのための貯金を崩して、予算オーバーの車を買ったり。仕事をはじめたのに、気が散って別の事をはじめたり。

　あっちへふらふら、こっちへふらふら。私達は一度はじめたものを途中で放り出して、また新しいものに飛び付きます。

　これを繰り返しても時間、お金、信頼と失うものばかりで、何も得ることができません。中途半端で、我慢のできない弱い人間になってしまいます。それよりも、何かひとつのことを続けた人のほうが、遥かに豊かなものを習得できる場合が多いのです。

　10年、20年の流れでみると、ひとつの事をやり遂げた経験が苦しみを乗り越える力になります。それが、生き方となるのです。

すべきではないことを行い、正しい道を歩もうともしない。目的を捨てて、欲望の対象に執着する人は、やがて正しい道を歩む人を羨む。

（法句経209）

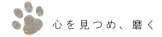 心を見つめ、磨く

見えているものを
見直してみる

上辺や見かけに惑わされない

　私たちは、物事や人をきちんと見ているようで見えていません。自分に都合の良いように見て、自らを納得させているだけです。

　世の中そんなうまい話が転がっているわけないのに、立派なパンフレットや儲け話を信じてしまう。かっこいい男性は、心も紳士だと思いたいから、ちょっとした失礼にも目をつぶってしまう。一方、悪い噂がある人は、どんなことをしていても裏があるように見える。でも、それは本当でしょうか？

　目の前の人や出来事に「あれ、なんだか変だな」と思ったら、少し立ち止まって、もう一度しっかりと全体を見直してみましょう。違うものが見えてくるかもしれません。

真実ではないものを真実と見なし、真実を不真実と見なす人は、その誤った心にとらわれて、決して真理に達することはできない。

（法句経 11）

 心を見つめ、磨く

人からの評判を気にしない

世間が何を言っても、私は私

　他人に、「自分の価値をわかってもらおう」「自分を大切にしてもらおう」と思うと苦しくなります。「結果を出そう」「評価してもらおう」と思って生きるのではなく、自分の本分をちゃんと尽くせばそれで良いんだよというのが、ブッダの教えです。

　社会から評価されたい、少しでも多くの利益を得たいというのは、自然な気持ちの流れでしょう。しかし、その価値観だけで生きないようにしましょう。利害を離れたところで動ける事、勝ち負けを離れたところで世界を観る力を培うことは、あなたの限りある一生をとても有意義なものにしてくれるのです。だから、あなたは安心してあなたらしく自信を持って生きていきましょう。

一つは利欲に通じる道、一つは安らぎへ至る道。評判を求めずに、世間から離れて生きよ。

（法句経 75）

 心を見つめ、磨く

孤独を知ることも大切

ひとりの時間を楽しんで

　友達が周りにいないのは、孤独でつらいかもしれません。

　けれども、ひとりになって静かに自分を見つめることは、誰にとってもとても大切な事。ひとりは寂しいとか、孤独な人はかわいそうとか、そんなのはただの決めつけに過ぎません。孤独な中でこそ見つけられる、本当の豊かさもあるはずです。

　子育てに追われるお母さんが、自分のためにひとりで習い事をはじめる。仕事に忙しいビジネスマンが朝の時間を利用してマラソンをはじめる…。自分自身で決心した事を、周りの状況に左右されず、正しくきちんとやり抜きましょう。その時間は充実し、それができた時には静かな喜びが心を満たします。

孤独の味と静寂の味を知っている者は、恐れも汚れもなく、真理の喜びを味わうことができる。

（法句経205）

 心を見つめ、磨く

目の前の山を登ろう

今日一日を乗り越えてみよう

　あなたが、心から「生きている！」と実感できるのは、どんな時でしょうか。何かを頑張って成し遂げた時、喜びを味わっている時、成長や充実を感じられる時が、生きていることを実感できる瞬間なのかもしれません。

　大自然の中では毎日が変化の連続。毎日同じ事の繰り返しでも、気持ちの持ち方ひとつで、世界はいくらでも変えられるのです。

　まずは、何かひとつの事に打ち込んで、頑張ってみましょう。そうやって一日一日を乗り越えていけば、いつの間にかとても充実した毎日を生きている自分に気づくでしょう。

努力しながら生きるのは不死の道である。怠けて生きるのは死の道である。

（法句経21）

心を見つめ、磨く

どんな場所でも
楽しめる

どんな世界に生きていても

もっと裕福な家がよかった、もっと都会に生まれたかった、あるいはもっと自然の豊かな場所が…。ないものねだりをするよりも、あなたがいる場所の素敵なところを探してみませんか。

お金がないからこそ、生活を楽しむ工夫が生まれます。田舎暮らしでは四季の移り変わりを。都会暮らしでは最先端の文化を。

どんな場所でも、文句を言うことも、そこで楽しむこともできるのです。文句を言う人に限って、その場からなかなか動こうとしないもの。与えられた環境を楽しむことができると、何をしていても楽しく生きていける自信がつきます。

そうすると、新しい世界にも自由に飛び込んでいけるでしょう。

村落であろうと、森林であろうと、海であろうと、陸であろうと、聖者が住むところは楽しい。

(法句経 98)

心を見つめ、磨く

勝負しない勇気

戦わない、争わない

　戦いには、必ず勝者と敗者が生まれます。勝者は負けた人に恨まれ、敗者は悔しさでいっぱいになるでしょう。職場での女同士の心理戦は、日常的に誰もが経験しているものです。もしかしたら、あなたも今まさに巻き込まれているかもしれません。

　もしそんな争いが起こったら、勇気を出してあなたから先に譲ってみてはいかがですか。「お互い様だね」と、すべてを水に流し去ってしまいましょう。身を引くことにためらいを感じるかもしれませんが、意味のない争いに明け暮れる方が、ダメージは大きいものです。あなたは「できない」のではなく、「しない」だけ。相手との争いを手放すこと、それが幸せな人生を送る秘訣です。

勝利は憎しみを生み、敗者は苦しんで過ごす。勝敗を離れて、心静かな人は幸せに生きていける。

（法句経201）

 心を見つめ、磨く

まっすぐ
生きていこう

自分自身を信頼できるように

「なぜ、私はこんな事をしてしまったのだろう」。他人を信頼しないよりも、自分を信頼できないことの方が苦しいものです。誰も見ていないとしても、自分だけは自分の行いをしっかり見ています。誰も見ていない善行も悪行も、自分だけはわかっています。

そんな自分への信頼が揺らいだ時は、時代を超えて語り継がれる偉人達の姿を思い浮かべてみましょう。時に人間は、自他の境界を飛び越えた美しい行動、偉大な行動ができるものです。

歴史上の偉人のように誇りを持って生きるために、自分を高めていくこと。まっすぐ正しく生きることを日々の生活の中で実践していきましょう。

老いるまで自らの戒めを守り続けるのは幸福である。信じる心が確立するのは幸福である。叡智を得ることは幸福である。悪を行わないことは幸福である。

（法句経 333）

 心を見つめ、磨く

やっぱり
健康が一番!

あなたの人生の宝物を大切に

　健康であること。今の生活に満足していること。信頼できる友人がいること。人生において、これ以上の宝物はないかもしれません。しかし、普段はなかなかその価値に気づきません。

　病気になった時、突然の災害などが起きた時、友人がいなくなった時。失って初めて、当たり前のように思っていたものが、かけがえのない宝物だったとわかることがあります。

　かけがえのない人生だから、一瞬一瞬を大切に、ちゃんと生きましょう。そして、正しく生き抜いた結果として、安らぎと心静かな死を迎えることができるのです。老いや死は自然の流れ。だから安心して身をまかせなさいとブッダは語ります。

健康は最高の財産であり、満足を知ることが最高の富であり、信頼できる人が最高の友であり、安らぎは最高の幸福である。

（法句経 204）

心を見つめ、磨く

そろそろ起きよう

まずは、早起きからはじめよう！

　自分で決めた事も、なかなか続けられない。一日を時間に追われて過ごして、何も進まず、夜になって自己嫌悪。こんな生活が続くと良くないことは、誰よりも自分がわかっているはずです。

　生活を立て直したいなら、早起きから始めてみてはどうでしょう。いつもとは違う、ゆとりのある状態で一日のスタートを切ってみる。最初は早起きだけで十分。三日、三ヶ月、三年続ければ、習慣になるといいます。毎日の積み重ねが大切です。

　手始めに自分自身に「頑張ろう」と掛け声をかけてみましょう。佛教では「呪(じゅ)」と言い、あなたの切なる思いが「念」となって力を発揮すると考えられています。良い効き目がありますように。

起きるべきときに起きず、若く力あるときに怠け、意志が弱く、考えることもせず怠惰な人は、智慧によって道を見つけることができない。

（法句経 280）

🐾 心を見つめ、磨く

となりの人の幸せを
祝おう

祝福するとあなたも幸せになれる

　つらい思いにも耐えて生き、うまくいかなくても諦めなかった…。他の人がそうやって手に入れた小さな幸せを傷つけたり、奪ったりしてはいけません。どれだけ羨ましくても、奪い取った途端に「幸せ」は幸せじゃなくなるのです。おまけに、他人の幸せを傷つける人は、自分で幸せをつくることもできません。

　逆に、幸せになった人が身近にいたら、心からお祝いしましょう。あなたも気持ちが温かくなるはずです。その思いこそが、幸せというものです。あなたが幸せになるためにも、幸せな人を祝福しましょう。幸せは、与えれば与える程、分ければ分ける程、広がっていくものですから。

幸福を願い求めている人を傷つけるような人は、いかに自分が幸福を求めても、幸福を得ることはできない。

（法句経131）

心を見つめ、磨く

友達がいる
そんな幸せ

あなたは、ひとりぼっちじゃない

　自分のことを大切に思ってくれる友人がいることは何よりの幸せです。そんな友達が世界中のどこかにいれば、ひとりでいたとしても寂しさは感じません。今ここにいなくても、私を応援してくれる人がいる。それが生きる力になります。

　あなたには、ひとりの世界とみんなと一緒の世界の両方が必要です。あなた自身と向き合い、内面を磨く時間をつくるのも大切ですが、皆で一丸となって仕事やボランティアなどに取り組む時間もまた大切にしましょう。

　自分個人の深い世界を掘り下げつつ、他人と協調して過ごす。この両方が、あなたの人生をさらに豊かにしてくれるでしょう。

何事か起こった時に、友がいるのは楽しい。

（法句経 331）

心を見つめ、磨く

いい仲間がいれば
怖くない

何をするかよりも、誰とするか

　やりたい仕事が見つからない、という人は、どんな人と一緒に働きたいのかを考えてみましょう。「共に働きたい、教わりたい」という人を見つけたら、どんな仕事であってもやってみることです。いい仲間と意欲を持って取り組めば、仕事は面白くなるもの。

　何をするかも大切ですが、誰とするかは同じくらい大切です。自分の力だけで成し得るのはほんの小さなこと。すべてのものは互いに関係し合って存在しています。あなたはひとりで生きてきたのではありません。たくさんの人に助けられてきたことに気づいて下さい。その力を生かしてこそ、大きな偉業も成し得るのです。

常に正しく生活し、聡明な友を得たならば、ありとあらゆる困難に心ひるむことなく、心勇ましく、かつ心慎んで、彼とともに行くがよい。

（法句経 328）

🐾 心を見つめ、磨く

ひとりでも
怖くない

ひとりでも、すべきことをしよう

　隣に誰かがいることは、あなたに安心感を与えます。また、志を同じくする仲間がいることは、心強いものです。

　しかし、もしその仲間が見つからなければ、ひとりで行きましょう。自分の中で吹き荒れる煩悩の炎を見るのはつらくても、まっすぐに見据える。自分にとって大変な行いであっても、それが皆にとって必要な正しい道であれば進んで選び取る。そんな心の強さを身に付けたいものですね。

　あなたにはひとりで歩く力があります。与えられたものに感謝し、他人の優れた面は素直に尊敬し、自らも学んで進化しましょう。一歩を踏み出せば、人生の新たな世界が広がります。

もし、自分と行を同じくし、常に正しく生活し、さらにまた、堅固な、こうした賢善な友をうることが出来ないならば、ちょうど、王者が征服した国土をすて去るように、又、象林に於ける象のように、ただひとりゆくがいい。

（法句経329）

 心を見つめ、磨く

何も持たずに行こう

「持たない暮らし」で豊かになる

　高度経済成長からバブルの時代、私たちの国は「物欲」の中にありました。持っている物で人が格付けされ、高級ブランドを手に入れることが成功と考えられていました。けれども、それで皆が幸せになれたとは思えません。

　最近注目されているのは、過剰にものを持たないシンプルな生き方。これは佛教に通じる生き方です。

　持たない人生は楽です。物を買うお金も、収納する場所も、探す時間も、なくす心配もありません。壊れないから修理する必要もないし、盗まれないから警備する必要もありません。豊かに時を味わうために、今の生活を見直すのもいいかもしれません。

われらは何物も所有せず、幸福に生きる。光り輝く神々のように、我らは歓喜を糧として生きる。

（法句経 200）

心を見つめ、磨く

引きずられない

流されないように、日々心を鍛えよう

　失敗をしてしまった時。その理由をひとりでじっくりと考えてみてはどうでしょう。人生の中で、失敗はさほど問題にはなりません。失敗を恐れて、何もやらないことの方が大きな損失です。

　失敗は学びです。そこから立ち上がるヒントをもらえたと考えてみましょう。そして次はうまくいくように頑張れば良いのです。失敗して、振り返り、問題点を明確にして、もう一度努力する。

　自分で感じ取った「何か」を軸にして、実績や財産、人との関係を築いていきましょう。ただ、築いたものに執着して失うことを過剰に怖れてはいけません。自分でつくり上げ、自身の体験を楽しみ、時に自分で終わらせる決断もまた必要なのです。

思慮のある人は、心を奮い立たせ、励みつとめ、自制し、激流にも流されることのない島をつくる。

(法句経 25)

 心を見つめ、磨く

自分の可能性を信じよう

自分が変わる可能性を信じる

　自分を愛するとは、自分の良いところも悪いところも全部受けとめることです。それは、不甲斐ない自分を肯定することとは少し違います。今は「こうありたい自分」と違っているとしても、いつかそうなれると、自分の可能性を信じることです。

　賢い人とは、「何らかの使命を持っている私は、まだできる事があるはずだ」と自らの道を探し続けて生きる人のことです。

　まずは、冷静に物事を眺め、何より相手の目線に立って手助けをすることが、大事なのではないでしょうか。そして、困っている人々に向けて踏み出した一歩が目覚めのはじまりなのです。

もし、自己を愛しいものであると知るならば、自分をよく守らねばならない。
賢い人は人生の三分の一だけでも目覚めているべきだ。

（法句経 157）

> たとえ話から読み解く、ブッダの言葉②

[弾琴（だんきん）]

　ソーナというひとりの男が修行を続けていました。彼の修行ぶりは、大変激しいものでしたが、なかなか悟りを得ることができませんでした。そのため悩み苦しみ、この道を捨てて世俗の生活に還ることも考えるようになりました。

　お釈迦様は、彼の心の迷いを知って彼を訪れ、こう言いました。「ソーナよ、お前は以前、琴を弾くことが上手であったな。琴を弾くには、あまり絃（げん）を強く張っては良い音は出ないであろう。また絃の張りが弱すぎても、良い音は出ないであろう。ソーナよ、佛道の修行もまさにそれと同じなのだ。厳しすぎては心がたかぶって静かになることができない。緩すぎれば、また怠けることとなる。ソーナよ、なんじは、琴の音を調（とと）える時のように、その中間をとらねばならない」

　それよりソーナは、この「弾琴の喩え」をじっと胸に抱いて再び修行に励み、ついに悟りの境地に至ることができました。

　どんなことでも、やりすぎも怠けすぎも効果は出ず、ちょうど良いバランスの「中道」が大切です。

（中阿含経（ちゅうあごんきょう））

chapter 3

人間関係をよくする

🐾 人間関係をよくする

いつも全力

自分との約束を守る

「約束は守りましょう」という言葉は、私たちが幼い頃から言い聞かされてきた事ですが、実はなかなか難しいこと。

だからこそ、約束を守る人は信頼されます。

信頼関係は長い時間をかけて築かれますが、崩れる時は一瞬です。信頼を獲得するためには、最小の効果のために最大の努力を惜しまないこと。これが大きな実りを得る秘訣です。

他人との約束だけではなく、自分との約束を守る事はもっと難しいかもしれません。自分で決めた事を誰にも言わずにやる時も、最大の努力を。それができると、自分を信頼することができ、それはあなたにとって大きな財産になるでしょう。

だらしなく誓いを破り、実際の行いも清らかでない人は、大きな成果を得ることができない。

(法句経312)

🐾 人間関係をよくする

言葉に気をつけよう

怒りの言葉は自分自身も傷つける

　親しい人とのけんかは、カッとなって、ついつい言いすぎてしまうことがあります。そうなると、相手も、普段は口にしてはいけないと思っているような言葉を吐いたり、弱みを突いてきます。時にはふたりの関係が壊れてしまうこともあるかもしれません。

　心が怒りでいっぱいになっている時こそ、冷静になりましょう。

　相手が大切な人ならば、慎重に言葉を選んで、あなたの感情をぶつけるのではなく、相手の立場になって考えることです。その場つくろいの言葉や行いも、後になってあなた自身に返ってきます。

　一時の怒りに流されず、相手への敬意を込めて、互いの関係が良くなるように真摯な気持ちで話せば、きっと相手に伝わるはずです。

粗暴な言葉を使ってはならない。言われた人はあなたに言い返すだろう。怒りを含んだ言葉は苦痛であり、その報いはあなたの身に返ってくる。

（法句経 133）

人間関係をよくする

生きることは喜び

生きててよかった

　普段、私たちは当たり前のように生きています。

　けれども、大きな災害や事故を身近に経験すると、生きていることに改めて感謝します。また、なかなかできない素晴らしい経験をした時に、生きていることを実感します。

　私たち人間だけでなく、すべての生き物にとって生きていることは奇跡であり、喜びです。自分の生命と同じように、すべての生命を大切にしましょう。道具や水、空気にも生命を感じましょう。肉や魚、野菜、果物などのたくさんの生命をいただいていることに、感謝しましょう。たくさんの生命の尊さを理解して初めて、自分の生命を大切に生きることができるのです。

すべての生き物は暴力に怯え、すべての生き物にとって生きることは喜びだ。自分の身に引き比べて、殺してはならない。傷つけてはならない。

（法句経130）

人間関係をよくする

喜んで
差し出そう

分けあえば、幸せは増える

「お福分け」という言葉があります。意味は「お裾分け」と同じですが、福を分けていただいたという喜びが伝わる言葉です。

日本には昔から、自分だけ福を手に入れては申し訳ない、という文化があります。周りの人と分けて、周りの人と一緒に楽しむことに喜びを感じたのでしょう。ひとつのものをひとりで食べれば、幸せな人はひとり。半分に分けて食べれば、幸せな人はふたり。自分の取り分は半分になっても、幸せは二倍になります。

みんながお福分けできる社会になれば、いつもみんなが同じだけ幸せ。喜んで差し出し、喜んでいただく。そうやって、分ければ分けるほど幸せは増えていくのかもしれません。

いつくしみの心のない者は神の世界に入ることはできない。愚かな者は施しを讃えない。賢い人の方が施しを心から喜ぶ。それがためにそうした人こそ来世において幸福となるのである。

（法句経 177）

人間関係をよくする

相手は
嫌がっていない？

不用意な批判をしてはいけません

　人間とは弱い生き物です。弱いからこそ、固まって社会をつくるようになったと言われています。社会の中で生きる私たちは、「自分がされて嫌なことを人にしてはいけません」「人を傷つけてはいけません」と、小さな頃から教えられて育ちました。

　人を傷つけるのに刃物はいりません。不用意な言葉ひとつで私たちは相手を傷つけてしまうことがあります。

　ブッダが大勢のお弟子さんや出会った人々に話をする時、その相手の性格や人生観、それまで培ってきた技能などを十分に考慮して、相手の目線に立った話し方をされたといいます。私たちもその人の立場に立って細心の注意を払いながら接しましょう。

すべての生き物は暴力に怯え、すべての生き物は死を恐れる。自分の身に引き比べて、殺してはならない、傷つけてはならない。

（法句経 129）

🐾 人間関係をよくする

他人の行動を
チェックしない

他人の人生より、自分の人生

「なぜあの人は、あんな事をするのだろう？」「なぜこうしないの？」と、気がつくと人の陰口ばかり言う人がいます。

相手を完全に把握して自分の支配下に置いていないと、なんとなく不安になって精神のバランスを崩す人です。自分で自分を満たすことができない人にとって、人の評価や相手の反応こそがすべて。他人の言動がどうしても気になってしまうのです。

大切なことは、他人のした事より、自分が何をしたか。あなたは、自分の今すべき事に専念しましょう。

もっと自分を愛して、楽しみながら人生を生きていきましょう。

他人の過ちや、他人がしてはならぬことをしたり、すべきことを怠ったことを見てはいけない。ただ自分が何を犯し、何を怠っているかを見なくてはならない。

(法句経 50)

人間関係をよくする

愛される人に
なろう

最後は、正しい人が愛される

　かわいさや愛嬌で人を惹きつけられるのは、人生のほんの短い間だけ。肉体は刻々と変化し、老いていきます。万物は変化し、留まるということを知りません。この大前提を理解した時、あなたの生き方を180度変えることができます。それまでの変化を怖れる生き方から、変化を楽しみ、変化に挑戦する生き方へと「進化」を遂げるのです。すべては移り変わる。だからこそ今を全力で生きようと思えるのでしょう。

　一瞬だからこそ、人生で出会った人やものを愛し、ベストを尽くして生きようとする。その正しく生きようとする真摯な姿が、皆を惹きつけます。そういう人が、長く愛される人なのです。

徳と見識をそなえ、教えを実践して真実を語り、自らの義務を実行する人は、世の人々に愛される。
（法句経217）

🐾 人間関係をよくする

怒らずに勝とう

力づくで望んでも、物事は解決しない

　いろいろな考えを持つ人が集まりぶつかり合えば、そこに議論や闘争が生じるのは当然のことです。それを力づくで解決しようとしても難しいもの。人が本当に協力するのは、力によってではありません。心から納得しないと人間は変われないのです。

　相手が怒っているなら、ほほ笑みで返してみてはどうでしょう。やられたらやり返す方法では、何も解決しないのです。相手の理不尽な要求には、誠実に対応しましょう。

　問題解決のためには、長い時間をかける覚悟を持つことです。あなた自身が根気を持って、皆が幸せになる方向性を提案し、相手が心から納得することを待ちましょう。

怒りには、怒らないことによって打ち勝て。悪事には、善い行いによって打ち勝て。物惜しみには、分ち合いによって打ち勝て。虚言には、真実によって打ち勝て。

（法句経 223）

人間関係をよくする

穏やかな言葉で

言葉があなた自身をつくる

　気まぐれな発言も誤解されるような言い方も、周りの人にとって、あなたが発した言葉はあなた自身です。心の中は誰にも見えないから、人は言葉をもとにその人を知ろうとします。

　正しく物事を語りましょう。陰口や嘘、人を騙（だま）したり欺（あざむ）いたり、口が災いになるものとは距離を置きましょう。

　そうやって、言葉を整えると、他人が見るあなたの像が変わります。昨日とは違う目で見られるようになると、あなた自身も変わっていきます。言葉に見合う存在になっていくのです。良い言葉を発していると良い言霊（ことだま）が宿り、やがて思念となります。自分を変えたいのなら、まずは言葉から変えてみましょう。

言葉に表れる怒りを守り防ぎ、よく言葉を自制しなさい。口から出る荒々しい言葉を捨て、言葉によって善い行いをしなさい。

（法句経232）

人間関係をよくする

許せる心を持とう

憎しみは、自分を傷つける

「あの人は自分を傷つけた」「心を踏みにじった」。相手にされたことを忘れられないうちは、すんなりと許せないかもしれません。

けれども、憎しみや恨みを持ち続けることは、せっかくできたかさぶたをひっかいて、また生傷をつけるようなもの。あなた自身がこれ以上傷つかないために、相手を許すことが必要なのです。

相手には相手の価値観とそれに則った解釈があるのです。自分の置かれた状況を少し離れて俯瞰して見ることで、怒りをさっさと手放していきましょう。そして、自分から相手の考えや思いに十分配慮して、柔らかく接してあげて下さい。そうすれば、もっと穏やかで良い関係が築けるでしょう。

「彼は私を罵った、私を殴った。私を負かした、私から奪ったのだ」こういう思いに執着する人は、その恨みは静まることがない。

(法句経 3)

人間関係をよくする

叱ってくれる人は大事

頭が上がらない人を持つ

　善く生きていくためには、時には厳しい事を言ってくれる人の存在が重要です。あなたは誰かが自分を批判するのを、素直に受けとめることはできるでしょうか。

　もし相手があなたの大切な人なら、まずはそのまま受け取りましょう。反論や否定をするのはそれからでも遅くありません。その批判には相手の曲げられない信念があるのかもしれません。あなたのことを思っての真摯な言葉かもしれません。

　まずは批判を受け入れること。すべてはそこから始まるのです。年齢を重ねると、叱ってくれる人がいなくなるからこそ意識的に持ちましょう。目の上のたんこぶは、とても大切な人です。

あなたの過ちを指摘してくれる聡明な人に出会ったら、財宝の在処を教えてくれる人に従うように、その賢い人につき従いなさい。

（法句経 76）

人間関係をよくする

先輩を敬おう

知恵を貸してもらおう

　戦後の焼け野原から、日本がここまで豊かな社会になったのは現在の高齢者の方々の功績です。先輩たちが頑張らなければ、今もまだ廃墟であっても不思議ではありません。どんな苦労があったのでしょう。どんな思いをされたのでしょう。

　顔のシワに、曲がった背に、白髪の一本一本に、その苦労が刻みこまれているはずです。時の流れに裏打ちされた、その人生に敬意を払いましょう。そして、耳を傾け、話を聴く機会を持つのです。

　その言葉には、これから先のあなたの人生や私たちの社会を良くするヒントがたくさんあるはずです。謙虚に知恵を貸してもらうことで、あなたの人生は何倍も豊かになるでしょう。

常に礼節を守り、年長者を敬う人には、寿命、美しさ、楽しみ、力の四つが増大する。

（法句経109）

人間関係をよくする

身近な人に
感謝を

産んでくれたことに感謝する

　親に感謝する日をつくってみましょう。母がいるということ。父がいるということ。父母のもとにあなたが生まれた、その「縁」にはきっと意味があります。父母に護られ、育ててもらい、また生き様を通して、私たちはさまざまな事を教わりました。

　私たちは、自分の力でいろいろなことができて、ひとりで生きているように錯覚しがちです。しかし実際は、この世界で他者と関係なしに存在しているものなど何ひとつないのです。

　だから、産んでくれた「縁」に感謝して、小さな感謝の思いを積み重ねていきましょう。そうすれば、人生はちょっとずつ楽しくて、幸せなものになるかもしれません。

この地上に母を敬うことは楽しい。また父を敬うことは楽しい。この地上に修行者を敬うことは楽しい。また婆羅門（ばらもん）を敬うことは楽しい。

（法句経 332）

🐾 人間関係をよくする

何をやっても非難はつきもの

人の言うことに、とらわれないで

あなたの言動を、人はさまざまに解釈します。

黙っていると「何か言ったら」と言われ、話していると「話しすぎじゃない」と言われ、適当に話すと「いい加減な事ばかり言って」と言われます。そういうものなのでしょう。

他人の評価は気まぐれなもの。「どうして、あの人は私のことをそんな風に思うのだろう」なんて気にしていては、何もできません。

その人があなたのことをどう見るかは、その人の心の問題であって、あなたの問題ではありません。他人の目を気にする必要はありません。あなたは、あなた自身の問題を解決することにただ、一所懸命になれば良いのです。

人は沈黙する者を非難し、多言を非難し、言葉少なくても非難する。

（法句経 227）

人間関係をよくする

愛が苦しみを
生むこともある

永遠であるものは存在しない

　好きな人に会えないのは苦しいものです。けれども、一度心が離れてしまうと、逆に会うのが苦しくなる。愛した相手に避けられて、その心変わりに傷つく人もいるでしょう。

　すべてものは変化していくことが、自然本来の姿。愛や憎しみ、人を想う気持ちも同じです。どんなに愛していても、時が経てば心が揺れ動かなくなり、関係性もどんどん変わっていきます。

　自分を中心に物事を捉えていると、相手の心の変化を正しく受け止められないのです。愛は永遠ではなく、変化していくものです。逆に悲しみや憎しみは、いずれ薄れていきます。いつか道で会っても、自然にほほ笑みあえるふたりに戻っていけるでしょう。

愛する人に会うな。愛さない人と会うな。愛する人を見ないのは苦。愛さない人を見るのも苦。

（法句経210）

🐾 人間関係をよくする

自分にしか
できないことがある

あなたの最大の作品は「あなた自身」

　良い職人は、緻密で正確な仕事をします。命を吹き込まれた作品は人の心を打ちます。そんな形に込められた祈り。人の想いが注ぎ込まれるのは、物だけではありません。

　そんな職人のように、あなたは「あなた自身」をつくり上げていくことができます。「色（かたち）」に「空（こころ）」を宿すことで、物は美しく調和し、強いエネルギーを帯びて、生き生きと輝きはじめるのです。さまざまな誘惑に揺れることもあるでしょう。でも、少しずつ心を整えていくのです。いつも穏やかな心を保とうとしていれば、次第に自然にできるようになるでしょう。毎日、あなたという素晴らしい作品づくりに励みましょう。

水道を引く人は水をみちびき、矢を作る人は矢を整え、大工は木を整え、賢者は自己を整える。

（法句経 80）

たとえ話から読み解く、ブッダの言葉③

[毒矢]

マールンクヤは、お釈迦様に問いました。

「世の中とは永遠不滅なものでしょうか。世界に果てはあるのでしょうか。霊魂と肉体は同一でしょうか。死後の世界は存在するのでしょうか」

お釈迦様は、それらの問いに一切答えませんでした。彼は、この答えを知りたくてたまらず、何度も聞きましたが、お釈迦様はいつも黙したままでした。

しかしある時、お釈迦様がお話になりました。

「ある人が毒矢に射られた。すぐに治療しなければならないであろう。ところが矢を抜く前に、『一体この毒矢を射たのは誰か。弓はどのようなものであるのか。どんな鏃がついていて、弦は何でできているのか。それがわからないうちは、矢を抜くことはならぬ』と言っていたら、その人は死んでしまうであろう。必要なのは、まず毒矢を抜き、応急の手当てをすることである」

頭で真理を追求する前に、自分の人生においてやるべき事をやることが大切です。

（中部経典 第63経）

chapter 4

幸せに気づく

 幸せに気づく

ものが溢れた生活はやめよう

本当に必要なものだけで良い

　必要な量だけ食べ、必要な時間だけ眠り、必要なお金の分だけ働く。必要なだけの広さで暮らし、必要な数だけの衣服を持ち、必要な人とだけ会う。そんな生活ならどれだけ心安らかでしょう。

　私たちは「もっと、もっと」と自分の欲望をふくらませて、多すぎるものを持つことで、自分に重荷を背負わせているのかもしれません。そんな生き方を思い切って手放してみましょう。

　クローゼットに入りきらない洋服、積んだままの本、もう何年も電話をしていない人、気が重くなるSNSのグループ…。いらないものを手放せば、きっと必要なものだけ残ります。無いなら無いなりに、愉快に気持ち良く過ごせる智慧を身に付けましょう。

人を罵らず、傷つけず、戒律を守って自制し、食事は適量を知り、独り静かに座り臥し、心を整えることに励みつとめる。これが諸佛の教えである。

（法句経185）

 幸せに気づく

心静かな一日を

眠りにつく時、その日に感謝したい

　夜、ベッドに入ってすぐに眠れますか？　嫌な事を思い出してクヨクヨしていては、良い眠りが訪れません。

　ベッドに入ったら今日一日を振り返り、嬉しかった事を思い出してみましょう。そして、それらとの出会いに「ありがとう」とつぶやいてみてください。喜びと感謝に満ちた、素晴らしい一日に満足できると、穏やかな眠りにつくことができます。

　また、あなたが健康で元気なうちに、自分の内側に目を向けて、死ぬ時に後悔しないためには何をすべきか考えてみましょう。目標を定めて取り組めば、実現できる事は多いものです。気がかりになっている事があれば、さっそくはじめてみましょう。

心の迷いを抱えて百年生きるなら、真理を知り、静かに一日生きるほうがよい。

（法句経 111）

 幸せに気づく

知ったかぶりは
やめよう

自らの経験を語りなさい

　本で学んだ事や他人に聞いた事を語っても、どこか説得力がないものです。しかし、自分が実践した事は、何を聞かれても自信を持って話すことができます。

　私達が健康にやわらかに生きていく中で、背伸びは必要ありません。それは、言葉でも同じことです。

　誰かにアドバイスをしたい時は、自分が実践した事、体験した事を語りましょう。その時に感じた戸惑いなどの感情も含めて、ひとつの物語として伝えるのです。そうすれば、相手の心に言霊が強く響きます。自分が実際に体験した事、それ自体に、大きな価値があるのです。

たとえ多くの教えをそらんじていても、それを実践せずに怠っている人は、他人の牛を数える牛飼いのようなもので、そうした人は修行したところで何ものをも得ることがない。

(法句経 19)

 幸せに気づく

たったひとつの
言葉が心を暖める

あなたにとって大切な知識は？

テレビをつければたくさんのチャンネルがあり、ネットにも多くの情報が溢れています。私たちは、大きな情報の波の中に生きています。ほんの少し前までは、何かを調べるために遠くの図書館まで行っていたのに、今は寝たままスマホで調べられます。

ただし、そこにあるすべてが真実でもないし、あなたにとって多くは無用なものであり、中には有害なものもあるでしょう。

情報に惑わされそうになったら、「それは心が安らかになるのか」という視点から見直してみましょう。すると本当に必要なものだけを選べるようになり、逆に不必要な情報は遠ざかっていきます。そうやって大切なもので自分を満たしていきましょう。

たとえ千の詩を誦しても、それが意義のないものであるならば、聞いて心に平和をもたらすような詩、ひとつの方が勝っている。

（法句経101）

 幸せに気づく

すべてを奪わない

全部でなく、少しだけもらう

　花の色や香りを失わせることなく、蜂は花から蜜だけを吸って飛び立ちます。花から花に飛ぶことで受粉を助けます。だから自然の中で大切にされます。もしも蜂が花まで食べてしまう虫であれば、厄介者となり嫌われるでしょう。

　あなたは、他者から受けた恩恵を当たり前と思っていませんか。あなたが享受している豊かさの土台を築き上げた存在に感謝することができているでしょうか。全部欲しがるのではなく少しだけ。

　周りにいる人達のことを考えて接することができれば、あなたも大切にしてもらえます。そしていつか、今度は花のように静かに皆に恩恵を与える存在になりたいものです。

ちょうど蜂が花や色や香りをそこなわずに、ただその蜜だけを吸い取って飛び去るように、聖者も村に托鉢(たくはつ)に赴いてはそのようにすべきである。

（法句経 49）

 幸せに気づく

手放してみよう

相手に期待するより、自分に期待する

　頑張ってきたのに、報われない。親切にしていた人に、裏切られた。そんな事があったら、ちょっと立ち止まってみましょう。

　無意識のうちに相手に期待し、何かを求めていませんでしたか。そんな自分の心に気がついたら、相手に期待することをやめて、その期待を自分に向けてみることからはじめませんか。

　清貧に甘んじたとしても、人に頼らずに日々目標に向かって励むことで、今の状況を少しずつでも変えていきましょう。

　いつかその努力や自信が実を結び、穏やかな言葉で語られる時、あなたの美しさは内面からあふれ出るでしょう。

賢者は欲望や快楽を捨てて、無一物となって心の汚れを取り去り、自らを清める。

（法句経 88）

 幸せに気づく

自分の未熟さを知ろう

未熟さを知る人だけが成長できる

　自分の未熟さや愚かさを自覚している人は、学ぼうとするし、成長していこうとします。一方、自分は賢いと思っている人は、今以上のものを吸収できずに、そこで止まります。

　どんな事でも「もうこれはできるようになったな」と思った時が要注意。成長が止まり、後から学ぶ人に知らぬ間に追い抜かされる恐れがあります。そういう時こそ、謙虚に自分を省みて、次に学ぶべき事を見つけましょう。

　私たちの感覚は、絶対的なものではありません。自分の価値観を絶対視した決めつけや偏見は、注意深く自分の中から遠ざけて、正しい判断をする努力をしましょう。

愚かな者でも、自らを愚かな者だと知るならば、少なくともその限りで彼は賢者である。しかし、愚かな者でありながら、自らを賢者であると思い誤っていれば、彼こそ愚者と呼ばれるべきである。

（法句経63）

 幸せに気づく

誘惑に負けない

どっしり構えて、足るを知る

　私たちは、誘惑に負けずに、正しくいられるかどうかを、いつも試されているのかもしれません。食事や服、靴、旅行など、欲望に駆られるため、いつもお金が足りません。「お金」に執着するから、「減った」「無くなった」と喪失感を感じるのです。

　でも実際は、お金が無くなったのではありません。あなたが、お金をモノと交換したのでお金が移動しただけです。

　ほんの少し俯瞰して物事を見てみると、ものは減ったり増えたりはしていません。ただ移動したか、他のものに変わっただけのことが理解できます。自分の主観にとらわれて、一喜一憂することはやめて、現状に満足することを覚えましょう。

感覚器官を自制し、食事は量を慎み、快楽を追い求めず、信念を持ち、励みつとめる人は、誘惑に打ち負かされない。岩山が風にゆるがないように。

（法句経 8）

 幸せに気づく

高く飛んでみよう

人に秘められた可能性に気づこう

やる前に「どうせできない」と諦めてしまう人や、「いつかやるよ」と後回しにする人。そんな人でも、ある日何かのきっかけで、目覚めることがあります。

まるでそれまでためていたエネルギーを爆発させるかのように、突然頑張りはじめる。人は今の生き方の間違いに気づき、心から反省できれば、パッと変わることができるのかもしれません。

突然、働き者になった人を見て、周りの人は驚きます。それと同時に、人が変化する可能性に気づくでしょう。「私もこうやって変わることができる」。ひとりの人が変わっていくことで、周りの人に勇気を与えることができるのです。

以前には怠っていた人が、後にはいそしみはげむようになれば、こうした人はちょうど雲を離れ出た月のように、この世界を照らし輝かす。

(法句経 172)

 幸せに気づく

学び続けよう

学ぶべきことは、学び続ける姿勢

　学びの本当の面白さがわかるようになるのは、大人になってから。学校で基礎となる知識を学び、社会に出て活用するようになると、学生時代に理解できなかった意味がわかるようになります。その時に、本当の意味で学びの大切さに気づくのです。

　「もっと勉強しておけばよかった」なんて言わないで、今からでも始めてみてはどうでしょうか。人はいくつになっても成長できるのですから。学び続ける姿勢が、その人を磨き輝かせます。

　学問で培われるのは「ものの観方」です。黒か白かという安直で極論な視点に走らず、バランスのとれた中道の心を鍛えるためにも、日々学んでいきましょう。

学ぶことの少ない人は、牛のようにただいたずらに老いるのみである。彼の肉体は日に日に肥えるが、彼の叡智は決して増えることがない。

（法句経 152）

 幸せに気づく

素敵に
年を重ねよう

年齢を重ねることに誇りを持つ

「若く見えますね」という言葉が、褒め言葉としてよく使われます。けれども、若く見えることばかりが良いとは限りません。

目尻のシワは、長い間優しい目で人を見つめていた証です。頬のほうれい線は、いつも笑顔を浮かべていたからです。黒髪に混じる白髪は、いつも配慮しながら周りの人の幸せを祈り続けていたからかもしれません。木が年輪をつくりながら成長していくように、私たちも日々の生き方を刻みながら生きています。

自分の身体に刻みこまれた人生の歴史に誇りを持ちましょう。少なくとも変化していくことこそ自然本来の姿なのだと気づくと、今与えられている美しさも素敵に感じられます。

頭髪が白いからといって長老ではない。年を取って空しく老いただけというべきだ。

(法句経214)

 幸せに気づく

いい風を
吹かせよう

あなたの人柄が香ると、人が集まる

　花には、それぞれの香りがあります。金木犀(きんもくせい)は開花する季節になると、遠くからその存在を香りで知らせてくれます。

　人にはその人から発せられる特別な気があります。怒っている人はピリピリとした気配が、穏やかな人はホッとさせる雰囲気が。

　あなたはどんな香りを振りまいているのでしょう。

　物事を多面的に見て、開かれた心でいる人は、心の風通しが良い人です。自分の感覚を絶対視しないで、視野を広く持とうとします。物事には色々な観方があると、穏やかに生きる。そんな美しい人柄の人の周りには、徳の香りが広がります。その香りにひかれて、多くの人が集まってくるのです。

花の香りは風に逆らっては匂うことができない。栴檀(せんだん)もタガラの花もジャスミンもすべてそうである。しかし徳のある人の香りは、風に逆らっても匂うことができる。徳のある人の香りはあらゆる方向に匂うものである。

（法句経 54）

 幸せに気づく

輝く人になろう

正しく生きれば、きっと輝ける

私たちは皆、自分という輝きを放っています。

良い事をすると美しい光を、悪い事をすると悪い光を放ちます。不思議なことに、他の人は、その善し悪しを感じることができるのですが、自分だけは見ることができません。

自分の光は見えないからこそ「今、どんな光を放っているのだろう」と考えてみましょう。

正しい教えを学んで、実践している人は、人の喜びや苦しみを理解します。そして、思いやりの心や敬う心が養われます。この優しさこそが智慧であり、良き光なのです。すっきりと心を整えて正しく生きることで、虹色に光輝きましょう。

雪を頂く高山のように、善人は遠くにいても輝いて見える。これに反して、悪人は近くにいても見ることができない。暗闇に放たれた矢のように。

(法句経 304)

 幸せに気づく

いいことを
たくさんしよう

あなたの人生を贈りつづける

きれいに咲いた花は、花束になることができます。さっきまで野に咲いていた花も、贈り物として人を喜ばせることができます。花は自らを捧げることで、その一生の価値を高めたと言えるのかもしれません。

私たちも自分の一生の価値を変えていくことができます。人から与えられるだけの人生なのか、人に与える人生なのか。あなたの人生の時間やエネルギーを使いながら、親切心や愛情を贈っていきましょう。周りの人に対して与え続ける人生を生きれば、きっと自分自身の命もあなたにギフトとして贈られたものだと気づくことができるでしょう。

うず高く集められた花から多くの花飾りを作ることができるように、人として生まれて死んでいくのなら、なすべき多くの善が存在する。

(法句経 53)

 幸せに気づく

理想の岸へ
向かって

欲望と怒りは、捨てていく

あなたの毎日は、一艘(いっそう)の小舟に乗って、人生という川を渡っています。理想の岸は見えているが、なかなか舟が進まない。気がつくと、舟には水が溜まって重たくなっています。

この舟に溜まった水とは、あなたの欲望や怒りです。あなたが理想の岸に着くのを邪魔するものは、かき出してしまいましょう。

欲望や怒りを一気に手放すのは難しくても、水をかき出すように、少しずつ実践していきましょう。完璧を追求するのではなく、新たに溜まったら、また捨てる。そうしているうちに次第に舟は速く走れるようになり、理想の岸に近づいていくでしょう。

修行僧よ、この舟を空虚(から)にしなさい。空虚にしたなら、舟は早く進むだろう。それと同じく、貪(むさぼ)りと怒りを断ったなら君は安らぎの境地へ急ぐべきである。

（法句経369）

 幸せに気づく

すべては
変わっていくもの

明日には、きっと変わる

　私たちの体は、つねに変化しています。細胞は代謝を繰り返し、6年も経つとすべての細胞が入れ替わると言います。

　私たちの心は、どうでしょう。見えないけれども、体と同じようにきっと変化を繰り返しているはずです。

　生きとし生ける者はすべてつねに変化しているもの。今日はつらくて乗り越えられないような事も、明日には少し変わっているかもしれません。変化なんて起こらないような気がしても、変わらない事は何ひとつないことを知りましょう。

　喜びも、悲しみも永遠に続くことはありません。時の流れの中で、変化を受け入れながら、私たち自身も成長していきましょう。

「すべてのものは無常である」ということを智慧によって理解したら、人はこの地上の苦しみから離れる。これが、清らかになる道である。

（法句経 277）

監修　加藤朝胤（かとう ちょういん）

1949年、愛知県尾西市（現一宮市）生まれ。法相宗宗務長。法相宗大本山 薬師寺執事長。龍谷大学文学部特別講師、NHK文化センター講師、朝日カルチャーセンター講師、中日文化センター講師などを務める他、NHK「こころの時代」など、TV・ラジオでも活躍。各地で講演会や辻説法を開催。著書に「今あるものに気づきなさい」、監修書に「般ニャ心経」「般若心経エッセイ」「心を整える 般若心経 写経手帳」「おしえてほとけさま」（いずれもリベラル社）などがある。
【薬師寺】 http://www.nara-yakushiji.com

文　ひらたせつこ

ライター、プロデューサー。現在までに1500人以上を取材・執筆し、教育・医療の分野で活動を続ける他、コミュニケーションに関する講演活動も行う。文を担当した著書に「禅語エッセイ」「般若心経エッセイ」「論語エッセイ」「おしえてほとけさま」（いずれもリベラル社）がある。
一般社団法人まなびの応援団 代表理事、株式会社ジオコス取締役、総合在宅医療クリニック 総合プロデューサー。

参考文献
法句経（講談社学術文庫）／人生の真理が心をゆさぶる！ブッダ いのちの言葉（永岡書店）／日常語訳ダンマパダ ブッダの〈真理の言葉〉（トランスビュー）

写真提供

Shutterstock.com、Adobe Stock
P10 はんぺんママ／PIXTA、P24 ©Rita Kochmarjova- Fotolia
P44 ©iStockphoto.com／jean frooms、P50 ©iStockphoto.com／Trevor Smith
P68 ©mashibuchi-Fotolia、P72 ©りうです-Fotolia
P86 ©iStockphoto.com／andersboman、P98 ©Budimir Jevtic-Fotolia
P104 ©lalalululala-Fotolia、P106 ©Rita Kochmarjova- Fotolia
P114 ©Lorenzo Brasco-Fotolia、P130 OlegDoroshin／PIXTA

こだちらニャい 心配しニャい 迷ちニャい

【ブッダの言葉】

🐾	監修	加藤朝胤
🐾	文	ひらたせつこ
🐾	装丁デザイン	宮下ヨシヲ（サイフォン グラフィカ）
🐾	本文デザイン	渡辺靖子（リベラル社）
🐾	編集	宇野真梨子（リベラル社）
🐾	編集人	伊藤光恵（リベラル社）
🐾	営業	三田智朗（リベラル社）

編集部　廣江和也・鈴木ひろみ・海野香織
営業部　津田滋春・廣田修・青木ちはる・中村圭佑・三宅純平・栗田宏輔

2016年1月21日　初版

発行者	隅田直樹
発行所	株式会社 リベラル社
	〒460-0008　名古屋市中区栄 3-7-9 新鏡栄ビル8F
	TEL 052-261-9101　FAX 052-261-9134
	http://liberalsya.com
発　売	株式会社 星雲社
	〒112-0012　東京都文京区大塚 3-21-10
	TEL 03-3947-1021

©Liberalsya. 2016 Printed in Japan
落丁・乱丁本は送料弊社負担にてお取り替え致します。
ISBN978-4-434-21625-1

大好評発売中！

ラク〜に生きるヒントが見つかる
般ニャ心経

般若心経の262文字から、現代に生きるヒントになる教えを紹介

ニャンか、しあわせ
今日をごきげんに過ごす【禅の言葉】

「一期一会」「挨拶」「工夫」など、日常でも使われる禅語が満載

常識なんてにゃんセンス
人生を変える【ニーチェの言葉】

孤高の哲学者・ニーチェの教えが、楽しくわかる一冊

わん！ステップ
明日に向かって踏み出せる【賢人の言葉】

イチロー、坂本龍馬、スピルバーグらの名言を、犬の写真とともに紹介